봄 부신 날

봄부신 날

초판 1쇄 인쇄 2006. 6. 15.
초판 1쇄 발행 2006. 6. 20.

지은이 · 이태훈
펴낸이 · 김순희
삽화 · 이재윤
편집/디자인 · 김창희
펴낸곳 · 해피데이

주소 · 서울특별시 금천구 독산동 1000-7
전화 · 895-7731   **팩스** · 892-7247
등록 · 제18-154호 2004. 1. 12.

총판(일부)
비전북
경기도 고양시 일산동구 장항동 568-17
전화 · 031)907-3927   **팩스** · 031)905-3927

저작권자ⓒ2006 이태훈
이 책의 저작권은 저자에게 있습니다.
서면에 의한 저자의 허락 없이 내용의 일부를
인용하거나 발췌하는 것을 금합니다.

ISBN 89-91078-10-9   03890

* 잘못된 책은 바꾸어 드립니다.

봄부신 날

이태훈 시집

도서출판
해피데이

이유

하늘을 바라보면
까닭 없이 생기는 그리움

땅을 내려다보면
까닭 없이 생기는 아픔

하늘엔 내 그리운 고향 있어
더욱 그렇고

땅엔 나 대신 죽으신
그분 있어 더욱 그렇다.

초등학교 2학년 때부터 문예반 활동을 했던 소년이
이제 적당히 머리도 벗겨지고 배도 조금 나온
마흔의 중년이 되었습니다.
그러나 그 때의 그 순수했던 마음만은 잊지 말자며
가끔은 고개를 들어 하늘을 쳐다봅니다.

오래된 시편들을 모아 첫 시집을 엮게 되니 고맙고
고마운 마음을 어찌할 줄 모르겠습니다.
부족한 사람에게 세상을 다르게 보는 눈을 허락하시고
그것을 글로 엮을 수 있는 달란트를 허락하셔서
그것으로 영광 받기를 원하시는 하나님께
감사와 찬송과 영광을 돌립니다.

부족한 글을 세상에 빛으로 허락하신 양우식 대표와
예쁜 그림과 멋진 편집으로 수고를 아끼지 않으신
편집진 모두에게도 깊은 감사를 전합니다.
아들로, 아빠로, 남편으로 사랑하는 가족에게도
한없는 기쁨을 전합니다.

아픈 자들과 소외된 자들과 방황하는 자들에게
이 시집이 힘과 위로와 평안이 되길
간절히 소망하고 기원합니다.

요나단 이태훈

■ 차례 ■

봄 spring

봄부신 날 12   개나리3 14
편지 16   3월 17
나는 양이라 18   민들레의 노래 20
별 1 22   씨앗의 노래3 23
봄의 노래 24   그대여 25
3월에는 26   그리움3 28
기다림 29   사월 30
참으로 외롭구나 32
아내에게 보내는 편지 34
봄 그리고 사랑 38   등꽃 40
그리고 화왕산 42

여름 summer

유월은 46 ■ 7월이 뜨거운 이유 48 ■
그리움 4 49 ■ 숲의 노래 50 ■
푸른 감람나무로 살고 싶다 52 ■
내 바다의 이름은 54 ■ 유월은2 56 ■
소원 한 가지 58 ■ 아픈 시 60 ■
파도 61 ■ 그리움1 62 ■
서울여행1 64 ■ 그림자의 노래2 66 ■
산처럼 살자 68 ■ 그래도 장미는 70 ■
뿌리 72 ■ 소나기2 74 ■
백향목의 노래 76 ■ 풀잎의 노래 78 ■
시의 노래 81 ■
둘이 함께 시작한다는 것은 82 ■
바다의 아침 84 ■ 동천 86 ■
비 88 ■ 섬 90 ■

가을 autumn

가을에는 94 ■ 그리움5 95 ■
내 모든 것들아 96 ■ 다리 98 ■
낙엽의 노래 99 ■ 이별 100 ■
시월이 간다기에 102 ■ 가을은 104 ■
그리움7 105 ■ 가을이 만든 길 106 ■
추석, 광안리에서 108 ■ 연필 110 ■
삶의 한 조각 떼어내어2 112 ■ 그리움8 115 ■
길 떠나는 그대에게 116 ■ 가을 가슴 118 ■

겨울 winter

연 122 ■ 　바이올린의 노래 126 ■
그리움6 125 ■ 　눈 내리는 밤 128 ■
겨울옷 130 ■ 　겨울눈의 꿈 131 ■
마침표를 찍는 건 132 ■
당신이 맹세하시면 134 ■
마지막 밤 136 ■ 　일 일 구 138 ■
개나리4 140 ■ 　씨앗의 노래 142 ■
어찌할꼬 이 기쁨을 145 ■ 　아내일기2 148 ■
새해에는4 150 ■ 　새해에는2 152 ■
새해에는3 154 ■ 　개나리1 155 ■
봄을 기다리며 156 ■

내 발길 머무는 곳마다

네 숨결 놓여 있음을 알지 못했구나

네 모습 보이지 않아도

태어날 준비 하고 있었음을

봄부신 날

눈, 부신 게 아니라
봄, 부신 게다

나는 두 눈
그것 밖에 없는데
봄이란 봄은 죄다
가슴 풀고 앉았다

이 봄 끝나면
세상 끝나는 양
제 몸 속 진액
피 한 방울 남기지 않고
가슴으로 쏟아낸다

그 부활 보려고
실눈 뜨다

아,
눈 멀어 버렸다

개나리 3
– 진달래에 대한 명상

3월이 되고 4월이 되면
봄을 입은 꽃잎 산골짝마다
붉게붉게 뼈 속까지 물들여오면
아, 나는 그 때 무엇이었나
그리고 지금은 무엇이 되고 있는가
얄팍한 변명 안개처럼 가리우고
빌라도 법정에서 십자가가 무에랴, 나는 죄 없노라
커다란 대야에 손을 씻고 손을 씻고
바람만 불어도 가슴은 흩날리네
흩날리네 차라리 민들레 홀씨이거든
부끄러운 땅에 머리 쳐박고 조용히
봄에 대해 묵념이라도 올리련만 살아있어도
이제는 조화 같은 얼굴이 되어
샛노란 정열도 싫어 바람이 무서워
정열은 땅으로만 땅으로만 가라앉고
한 때는 땅을 사랑한 적도 있었지
부요하지도 않아 얻어 놓은 땅에서만 꽃을 피우지

그리움 때문에 꽃잎을 먼저 피워 올리는 것은 아니야
나 때문에 눈부신 게 아니야 내가 눈이 부셔
눈을 뜰 수가 없는 건
봄에게 부끄러워 차마 부끄러워
또 다른 혁명을 준비하는 게야
나에게도 혁명이 필요해 의거가 아닌 혁명이 필요해
혁명으로 부끄러움 털어버릴 수 있다면
산성비라도 되어 씻어낼 것은 씻어낼 수만 있다면
아, 온 몸 뒤척여 뿌리채 **뽑**히고 싶어
또 다른 꽃잎이 더 붉히며 오기 전에

편지

빗줄기로 편질 써 보았는가
그대로 눈물이 되질 않던가
내 쓰지 않아도 알아서 울지 않던가
어디로나 흘러가서 결국 그대에게 닿지 않던가

그대 읽지 않아도 가슴 깊이 흐르지 않던가
쓰다 말고 쓰다 말고 끝내 부치지 못해도
알갱이로 모인 글자들은 차곡차곡 기억 언저리에 쌓여
당신 가슴 치고 올라가지 않던가
다시 눈물로 부서지지 않던가

그대 눈물줄기로 편질 써 보았는가
그대로 빗물이 되는 편지를
뜨거운 빗줄기로 온몸 열병 앓게 하는
내 사랑의 편지를
그대 받아 보았는가

3월

겨우내 절망에 얼어
더 작아진 몸뚱아리
얼음 뚫고 찾아와 준 햇살 고마워
잠시 누워본다, 눈 감으니
잉태의 소리
생명의 소리
눈물의 소리가
땅 밑에서 소근거린다
김 모락모락 피어오르는
숨소리가 정겹다
늬들 죽지 않고 살아 있었구나
안도함에 나도 눈물이 난다
정금처럼 단련된 옵이 되어
껍질 깨고 올라올 네가 그리워
비어 있던 마음 한 구석
주인처럼 앉아 있는
거미줄 걷어낸다

나는 양이라

나는 양이라
눈 먼 양이라

긴 털
짧은 다리 사이로
고개 내밀고
순하고 여린 풀만을 찾아

당신이 주는 음성만으로
인식하고 반응하는

나는 당신으로 철통 보안된
눈 없는 믿음의 양이라

새삼 눈 먼 양이라
당신이 가라면
가고, 서라면

서고, 먹으라면
먹는

감기 걸린 목소리여도
눈물 젖어 슬픈 목소리여도
미세한 떨림과 정밀한 눈짓에도
여지없이 울음 토하는
그렇게 행복한, 더없이
자유로운 나는
눈먼 양처럼
순한

당신의 양이어라

민들레의 노래

네 대신
민들레가 되면 좋겠다.

하얀 꽃잎
생명처럼 물고
온 몸으로 웃었으면

막막한 돌바위 속에서도
당당히 꽃잎 피워 올리는
하얀 민들레가 되었으면

홀로 있어도
결코 외롭지 않아
홀씨처럼 생명 나눠 주는
생명의 노래를 불렀으면

봄 속에

너처럼
콱
박혔으면

좋

겠

다

별 1

별은
떠 있는 것이 아니라
총총
박혀 있는 것

당신은 내 가슴에
박혀
총총 빛을 내는
아름다운 보석

씨앗의 노래 3

내 발길 머무는 곳마다
네 숨결 놓여 있음을 알지 못했구나
네 모습 보이지 않아도
태어날 준비 하고 있었음을

따가운 햇살과 살갗 파고든 빗방울들이
네 생명 퍼올린
질긴 축복인 줄
미처 알지 못했구나

어디 숨어있다
고운 싹 틔워내는지
나도 숨어
질긴 생명 훔쳐내고 싶다

봄의 노래

요란하게 봄이 왔으면 좋겠다
소리 소문없이
개나리 꽃잎 피워올리고 목련 피는 것이 아니라
벚꽃 이파리 흩날리고 목련 지는 것이 아니라
봄의 모든 꽃들이 일시에
모든 꽃망울 터트리며
모든 겨울을 몰아내며
모든 시가지를 춤추며 돌아다녔으면 좋겠다
당당하게 겨울을 이겨냈노라고
당당하게 승리를 만들어냈노라고
아직도 깊은 산 속에 웅크리고 있는
우리들의 비겁함을 몰아내었으면 좋겠다
한바탕 잔치를 벌였으면 좋겠다
여호와의 궤를 메고
있는 힘 다하여 춤추는 다윗왕처럼

그대여

그대
온 몸으로
울어 본 적 있는가

살갗으로
땀구멍으로
발바닥으로

감당할 수 없는
하루 팔만육천사백 초
그 미세한 시간 속에서

온 몸으로
울어 본 적 있는가
그대여

3월에는

3월에는 조용히
아가서를 펼칠 일이다.

겨우내 치루었던 블레셋과의 전투를 끝내고
비파와 수금, 해금과 아쟁으로
승리의 징검다리를 조심조심 놓을 일이다
이제
피리만 불어도 강물은 풀리리.

겨우내 얼어붙었던 우리네
심장, 겨우내 조각났던 우리네
심장, 겨우내 숨죽였던 우리네
심장,
비수처럼 꽂혀있던 상처의 기억들을
하나씩 불태울 일이다. 이제
피가 돌게 하는 것. 예수의
뜨겁도록 사랑스런 피가

나의 심장으로 울컥울컥 쏟아져 들어와
마지막까지 숨결을 되모으고
온 혈맥을 폭포처럼 돌게하는 것
실핏줄 같은 혈관 하나 놓치지 말 일이다.

모든 시냇물 건널 때 비로소
3월은 꽃을 피우리
발끝 적시던 시냇물 어느새
사랑스런 포도나무가 되고
아름드리 백향목이 된다
노래 중의 노래가 된다.

그리움 3

비는
그리울 때만 온다

가물거리는 추억의 사막
가늘게 가늘게 내뱉는
호흡의 언저리에서

비는
억수 같은
그리움으로 온다

님에게 눈 먼 사랑
구석구석 신경 가닥으로 헤집으며

한 줄기만으로도
넘치도록 온다
눈부시게 온다

기다림

말 없이 기다릴 일이다
눈 감고 조용히

바람 소리 물 소리
내 안에서 울리는
당신의 소리

사월

사월이 오는구나
저기 보이지 않는 언덕 끄트머리에서
연두빛 그리움
저마다의 가슴에 품고 있구나
아지랑이 꼬리에
지나간 아픔은 이미 몽롱해지고
미처 말하지 못한 사랑만
꽃망울로 웃고 있어

사월이 달려오는구나
마중 나갈 준비 아직 끝내지 못했는데
눈물 채 마르지 않았는데
웃음 희미하게 껴안고 뛰어 오는구나
서둘러 달려온다고
쉽게 잊혀지는 아픔이면 좋으련만

사월이 몰려오는구나
내 자식 같은 고통, 옆구리에 발목에
피처럼 흘리며 언덕으로 몰려오는구나
두 팔 벌려도 다 안아주지 못하는
보랏빛 사랑의 열병들이
바다에서 하늘에서
산에서 강에서
피 흘리며 대신 죽어간 당신 만나려
뜨겁게 모여 있구나
뜨거운 바람으로 기다리고 있구나

내 뜨거운 사월아.

참으로 외롭구나

참으로 외롭구나
나의 울음을 들어줄
내 동무는 모두들 어디에 있는지

참으로 고독하구나
당신, 내 곁 있는 걸 알지만
어찌할 수 없는
호올로 있음의 안타까움

참으로 답답하구나
당신을 만나려 그렇게 애를 써도
흐릿한 하늘은 어느새 밤이 되고
내 맘도 별도 달도 없는 밤이 되었구나

외로운 날엔
더욱 그리하자
종이 한 장 펼쳐놓고

보이지 않는 곳에서
노래를 부르자
그것이 당신께 닿을 수 있는 거리인지
도저히 알아낼 수 없지만
노래는 내 영혼의 속삭임
내 입술의 눈물
내 기도의 탄식

고독이 바윗덩이로 나를 누를 때
홀로 있어 불을 켜야만 눈을 감을 수 있을 때
내 영혼이 더욱 고립되어 물살에 휩싸일 때
그러할 때, 달싹거리는 입술 열어
기도의 노래, 거미줄로 뽑아내고
맑은 햇살 한줄기 빛으로 올 때까지
침묵하자
생명의 침묵으로 노래하자

아내에게 보내는 편지

당신과
세상 끝날까지 함께 있었으면 좋겠습니다.

내가 숨을 멈추는 그 순간까지
당신과 함께였으면 좋겠습니다.
당신이 마지막 호흡을 내쉬는 그 순간까지
당신과 함께였으면 좋겠습니다.

할 수만 있다면
천국, 그 곳에서도
당신과 영원히 함께 살았으면 좋겠습니다.

월급이 적은데도 불평하지 않아 그런 것이 아닙니다
좁은 집인데도 잘 살아주어 그런 것이 아닙니다
에어컨이 없는데도 잘 참아주어 그런 것이 아닙니다

당신과
세상 끝날까지 함께 살았으면 좋겠습니다.

내가 도적같이 다시 오리라 한
바로, 그 날까지
목숨을 내어 죽은 주님의 사랑으로,
서로의 생명을 위해 사랑으로만
하나 되는
서로의 죽음을 위해 사랑으로만
죽을 수 있는 그 주검 같은
사랑으로 살고 싶습니다.

당신이 내 뼈 중의 뼈인 것이 아니라
내가 당신, 뼈 중의 참 뼈가 되고
당신이 내 살 중의 살인 것이 아니라
내가 당신, 살 중의 참 살이 되는

그런 참 사랑의 모래가 되고 싶습니다.

이미 그렇게
우리는 한몸입니다.
둘로 나눌 수 없는 한 바다입니다.
한 치 앞 보이지 않는 마지막 벼랑 끝
몸서리치게 울부짖으며 새벽 날개 붙잡은
절망의 시계 앞에서도 흔들리지 않아
늘 그 자리에서 뭍을 사랑하고 그리워하는

물이 바다를 덮는 그 은혜의 강물입니다.
물 한 가운데에 있는 그 생명의 궁창입니다.

하늘과 땅과 바다의 그 궁창에서
당신과 영원히
함께 살았으면 좋겠습니다.

함께
죽었으면 좋겠습니다.

파도에 쓸려가도
늘 그 자리에서 기다리는
나는 당신의 모래알입니다.

봄 그리고 사랑

말 없이 봄이
자리를 펴면
돌아누운 어깨는
더욱 좁아지고
말 없는 사랑만
밤을 가득 메운다.

하늘은
허물벗은 겨울의
반짝거리는 조각들로 가득하고

땅은
어느새
봄으로 충만해진다.

사랑이야
말하지 않아도

늘 사랑함으로
충만하다.

사랑은
나보다도
그를 더 위하는 것.

그래서
더욱 말이 없을 것.

등꽃

너는
등꽃이라
찬란한 부활의 햇살
십자가로 받기 위해
눈먼 겨울, 한 겹 외투로*
차마 잠들지 못하고
잔뿌리 수액 다독이며
봄으로 봄으로
무릎꿇고 다가서는 사투

긴긴 세월 꼼짝않고 땅 속에서만 참아 온
매미 같은 그 슬픔을
그대는 왼쪽 나는 오른쪽으로 돌아
서로의 마음을 감싸안으며
끝끝내 하늘에서 하나가 되는
노래로 만나리라.

이제
다메섹의 빛과 음성이 홀연히 임한 곳
연자주빛 드레스로 찬란한 눈을 뜨고
작은 호숫가의, 수줍은 신부가 되어
밤보다 더 짧게 피어 있을지라도
어둠보다 더 짙은 향기 토하며
따스한 햇살 나누는 포도송이 같은 기쁨을
온 천하에 분수처럼 넘치게 하리라.

그리고 화왕산

발길 닿는 곳이면
어디든 네가 있다.

가슴 시려 네게 안기면
너는 억새바다 춤사위로 돌고
쏟아 낼 가슴으로 너를 안으면
숨으며 숨으며 더욱 짙은 사랑

진달래 너는 아,
태백산맥을 온통 열병으로 앓게 한다.
바람은 휘휘 돌아 등을 다시 떠밀고
거친 호흡 내뱉으며 다시 너를 찾는 날은
언제나 동 서 남 북
방황의 끝에 서 있다.
날카로운 햇살로 기억의 능선 헤치며
저편 마루 위에서 독한 희열의 잔을 마신다.

이만한 고통 없이도
널 사랑한다 말할 수 있는가

나도 영원히 푸른

그 감람나무가 되고 싶다.

끝내 기다리는

끝내 포기하지 않는

여름

유월은

불현듯
유월
햇살로 뛰어 들면
가리지 않아도 제 몸뚱아리
열병처럼 뜨겁다

뜨겁게 달구어진 세월
그 아래로 더 뜨거운 가족들은
오랜 필름처럼 끊어졌다 이어졌다
울었다 웃었다
오랜 영화처럼
전설 속에서만 만나는

유월은
잠잠하여 점점
맨몸 드러내는 햇살이 된다
제 살 태우는

붉은 꽃잎
간절한 소망으로만 피어나는
아기 예수가 된다

7월이 뜨거운 이유

7월이 뜨거운 이유를
내 이제서야 알겠네

7월이 아름다운 까닭을
내 이제서야 깨달았네

시와 사랑이 모여
그늘을 만들고
쉼터를 만들고
영혼과 노래를 엮어
상처를 치료하고
내 입술로 섞은 고름
그대 위해 빨아내는
진정 아픔을 아파하는

7월이 가슴을 뜨겁게 하는 이유를
내 이제서야 알겠네.

그리움 4

귀를 열면
음악이 닫히고

음악을 열면
그리움이 닫힌다

강가에 서면
바람이 닫히고

바람이 흐르면
그리움이 닫힌다

숲의 노래

깜깜한 밤이 오면,
너나 없이 잠드는 밤이 오면,
숲은 그제서야
가슴을 연다
멈추었던 숨을 훅 하고 내쉰다

가지 위 소복소복 쌓인 삶의 먼지들도
에헴 기침으로 단번에 털어내고
애벌레랑 곤충들이 남기고 간 흔적들도
휘유휘유 바람을 불러 씻어낸다.

바람으로 털어지지 않는 찌기들은
새들이 와서 먹도록
가슴에 얹은 채로 놔 둔다.
고운 비단으로 엮은 거미줄도
끈적끈적한 채로 걸어 둔다.

나무가 노래를 부르기 시작하면
그제서야
밤일을 하는
너구리 오소리 들쥐 부엉이들은
밤눈을 켜고 어슬렁거린다
기지개를 켜고 촐촐한 배를 어루만지며 일어난다.

살금살금 하루를 시작한다.
어둠 속에 감추어진 하루를 연다.
더없이 좋은
자신들의 하루를 기대한다.

숲은
그래서
더욱 행복하다.
숲은 결코
잠들지 않는다.

푸른 감람나무로 살고 싶다

푸른 감람나무가 되고 싶다
아무런 욕심 내지 않고
그 자리에서
당신의 인자하심만 바라는

푸른 감람나무가 되고 싶다
내 뜻 내밀지 않고
그 뿌린 놓인 자리를
감사함으로 받는

푸른 감람나무가 되고 싶다
당신 집에 가지 뻗어 있기에
열매 하나 맺히지 않아도
영영히 당신만 의지하는
당신 이름으로만 살아가는

나도 영원히 푸른
그 감람나무가 되고 싶다.
끝내 기다리는
끝내 포기하지 않는

영원히 푸른
그 감람나무로 살고 싶다.

주)시편 52편
8 오직 나는 하나님의 집에 있는 푸른 감람나무 같음이여 하나님의 인자하심을 영영히 의지하리로다

내 바다의 이름은

그리운 바다가 있어

눈 감으면 달려갈 수 있는
내 바다의 이름은
그리움

그 바다의 끝에 서 있는
그리운 바위섬
그 바위섬 끝에
나만
알아차릴 수 있는
풀잎 한 줄기 같이 연한
그리움

내 하얀 파도만 살며시
어루만지고 다시 숨겨놓는
그리운
내

사랑

유월은 2

벌써부터
뜨거울 줄 알았다

내 가슴
진작부터 소리 없이
말갛게 타들어갈 줄
알고 있었다

뻔뻔스럽게도 가슴 탕탕 치며
큰 소리, 끊어진 줄 모르는 문산 철로 앞에서
연기 내뿜고 빼액 소리 지르는 게
거친 숨소리로 통일이 눈 앞이라며
안타까운 자신감
이제는 문제 없노라
앞으로는 다 잘 되리라
희망이라는 이름으로 잘도 포장된
풍선처럼 기대만 잔뜩 배를 불리고 있었다

유월은
언제 터질 줄 모르는
고운 옷 입은 풍선, 뜨겁게 바라보는
안타까운 가슴들만 둥둥 떠 있다

풍선 터지면
내 가슴 함께 터지는 걸 모르고서

소원 한 가지

쉽게 살고파도
좀처럼 쉽지 않은 것

어렵사리 하루 목숨 이어도
그닥 어렵지 않은 것

얼렁뚱땅 속여 보아도
숨길 수 없어 거울 위에 묻어나는 것

허심탄회 털어 놓아도
어딘가 한 구석에 비밀열쇠로 숨어 있는 것

숨을 내어 쉬면
더 많이 들이마셔야 하듯

받는 것이 있으면
더 설게 주어야 하듯

혼자 걸어도
함께 걷는 이 옆에 있고

기도 잊고 살아도
빼먹지 않고 기도해주는 이
옆에 있으니

내가 살아도
지금 사는 것이 아닌
내가 죽어도
지금 죽는 것이 아닌

내가 원하는
단 한 가지,
오직 당신의 기쁨이 되는 것

아픈 시

풍랑 일어 잠들지 못하는 밤에도
깊숙한 슬픔, 요동 않고 누운 이 여기 있네

도무지 깨어나지 못하는 푸른 새벽에도
홀로 깨어 기도하는 영혼 여기 있네

노래하지 못하는 가난한 물풀 사이에도
이슬 받아 노래하는 여린 풀잎 여기 있네

도무지 숨죽이지 못하는 언어들 사이에도
시간과 시간을 잠재우는 별 여기 있네
생명과 생명을 되살리는 작은 시 하나 있네

도무지 사랑하지 못하는 슬픈 사람들 사이에도
조금씩 발 내밀어 당신 맛보는
작은 시인 여기 있네
아픈 시 하나 있네

파도

기차가 맨발로
하얗게 달려오는 건
당신의 소식을 품고 있기 때문입니다

세찬 바람에 밀려
끝내 무릎 꿇고 스러지는 건
다 풀어내지 못할 소식이기 때문입니다

나의 시린 발 끝에서
서둘러 도망가듯 뒷걸음치는 건
모르면 더 좋을 소식이기 때문입니다

아직도 온기 남은 발가락 끝
발톱 속에 숨어 홀로 호흡하는 건
못내 그리웠기 때문입니다

그리움 1

아침이면
늘 당신이 그립다

커피 한 잔
빵 한 조각보다
더 빠르고 달콤하게
당신과 키스를 나누어야 한다

입술로 넘어간 당신의 생명들은
고단한 하루, 끊임없이 피를 돌게 하는
말씀의 적혈구들

밤이어도 나는
당신이 그립다

추락하듯 빠져 들 잠 앞에서도
당신의 향기가 그리운 건
샤워 물줄기 끝까지 따라 내려와
나를 씻어 내는 그 정결한 손길
온 밤을 그대에게 맡기고 싶다

그리움은 늘
내 시계 종일 기도처럼 묻어 있다

기도는 늘
그리움을 매달고 있다.

서울여행1

서울시민 된 지 8개월 째

흙에 대한 갈증으로
발바닥은
그리움에 쩌억 쩍
날마다 금이 간다

비가 오면
발바닥은
서울의 모든 눈물과 만난다

뜨거운 지구
단단하게 포장된 길들은
하늘의 눈물조차 거부의 몸짓으로
고향의 예수처럼 배척한다
예수는 무시로 나에게 밟히며 쫓기다
바닥 보이지 않는

시커먼 블랙홀로 늪처럼 빠져들고

3일이면 다시 하늘로 올라갈 수 있을까
다시 그대 눈물로 내려올 수 있을까
슬픔이 구름처럼 모여들 때면
서울비는
부활을 소망하며 외출준비를 한다

그림자의 노래 2

하얀
그림자가 되고싶다

빛 비추이면 감추어지고
밤 되어야 비로소
세상 얼룩으로 까매진 손길
흐릿한 실루엣으로

모든 것이 잠들 즈음
기도소리만 웅얼웅얼 하늘과 대화하는
그 고요할 즈음에 나즈막히 무릎꿇어
밑바닥까지 내려갈 때에야,
신발 끄트머리까지 내려가서야
홀로 그림자 될 수 있으리

새벽 미명 한적한 시간까지
오롯이 깨어있으라

내가 씻겨 맑게진 게 아닌 것은
땀이 피로 변할 때까지
씻어주심으로만 하얗게 채색되는,
또 하나의 충만함,
또 다른 투명함으로
여과되는 순결한 언어

나도 그 분처럼
다른 사람의 하얀,
그림자가 되고 싶다

산처럼 살자

산처럼 살자
깊숙한 산처럼

그저 오르거나
내려가는 사람들
가슴으로만 보듬고

산처럼 살자
기다리는 산처럼
죽어 여기에 묻힌 사람들
다시 흙으로 돌아오게

흙 아니고는 아무 것도 아닌
썩을 육신 잠시 보관하다
때되면 흙으로 되돌려보내는
고향인 산으로 돌아오게하는
다른 생명의 밑둥으로 흘러가게 하는

세상의 온갖 육신 말없이 껴안고
뿌리처럼 사는

산처럼 살자

그래도 장미는

당신이 먼저 죽거나 또는
내가 먼저 죽거나 우리는
서로에게 장미가 됩시다.
호랑가시보다야 장미가시가 아름답지요
당신이 장미보다 아름다운 것을 내 알지마는 그래도
짙은 향기 배어나는 장미가 됩시다.
이왕이면 검붉은 장미가 됩시다.
울컥울컥 쏟아내는 핏덩이들을
알아보지 못하도록, 하늘이야 뚫려 있으니
비오면 씻겨 강이 되겠지요, 바다가 되겠지요
어떤 덩어리들은 비싼 광어 배 속에 들어가
우리의 아들이거나 그 사람의 아들이거나
어쩔 수 없이 피가 섞이기도 하겠지요.
한 점 집어 입 속에 털어 넣으며
'캬, 도다리는 봄이 제철이야' 하겠지요.
봄이 되면 도다리들이 얼마나 많은
피를 쏟아야 하는지 알 수는 없지만

이렇게 시원한 매운탕은 아직껏 없었지요.
하긴 그것이 아니라면 울분을 삼켜낼
특별한 재간도 없었지만
그것이 무섭도록 뜨거운 핏덩이로 고여
숨통을 조여올 줄은 아무도 몰랐지요
가시가 되긴 싫었는데

뿌리

흙을 파내지 않고서는
당신을 만날 수 없다

세상 향해 토해내는 혁명의 씨앗과
가슴 향해 파고드는 날선 검 같은
처절한 외로움과의 전투
끝내, 땅 아래로 생명 던지고 나무가 되었다
그 죽음 뒤에야 비로소 푸른 잎을 내고
하늘로 올라가는 당신

온갖 세상 때묻은 손으로
흙을 파낸다 작은 호미라도 들고
손 더럽힐까봐 거름 같은 똥오줌 피해가며
흙을 퍼낸다

검은 먼지 훅훅 불고
배반의 세월 털어내니

아, 여기 순결한 빛으로
온몸 환하게 드러내는 당신
거짓뿌리 하나 없는 완벽한 투명함

뿌리는 땅으로 땅으로 내려간다

얼마나 행복한 일인가
투명한 그 뿌리를 만나다니
얼마나 가슴벅찬 일인가
사막에서 물 한 줌 마시지 않고
죽음으로 생명을 이어온
그 뿌리를, 여기 머나먼
이방인의 땅에서
알량한 믿음으로 만질 수 있다니

내 속의 흙을 털어내지 않고서는
당신을 볼 수 없다.

소나기 2

잠깐이지만
학병들 강제징집하듯
골목골목 생명이 보이는 길마다
그렇게 짧은 시간에
그렇게 많은 계절들을 찾아 휩쓸어 갔다.
번개 한 번으로 전등불도 텔레비전 전원도
당당한 눈빛으로 모든 생명을
훔쳐갔다. 콩나물
오백 원어치의 가련한 어머니와
다리 절며 사각모 쓴 장한 딸과
이제 행복한 살림 차리려는 향내나는 아내
변명만 나폴거리는 거리에는
크레인 끝처럼 높이 올라간 부정한 손들이
빌라도처럼 대야에 결백선서를 한다.
밤길 내내 달려 시장에 이르면
남대문에는 성에처럼 희망이 서린 사랑을 꿈꾸며
호흡조차 가쁘게 다음 세대의 (행복한) 아침을 위해

인력거의 인부처럼 달려 왔는데
노아의 홍수가 이만 했을까
40일이 뭐야 네 시간이 뭐야 4분이 뭐야
그렇게 짧은 시간에
이토록 가슴 황폐하게 만드는 건
그래도 울만한 힘이 아직 남아 있다는 뜻일까
골목들은 더 이상 나타나지 않는다
새벽만 희부옇게 나타났다 사라졌다
사라졌다 나타났다 한다.
구름 사이 언뜻언뜻 내비치는
실날 같은 햇빛처럼

백향목의 노래

이 땅 어디에 백향목 살아있으까마는
우리는 백향목이 되어야 한다.

레바논 먼 이국 땅, 사막에서 살아온
그 향기가 이 곳, 또 다른 이국에서
생명의 땅으로 자라고 있다.

2천 년을 살아 전설이 되어버린,
그 이름은 백과사전에서도 낯설다.

천 년을 살아도
가지가지마다 당신의 열매
생존의 깃발처럼 꽂아놓고
어느 성전 귀퉁이거나 그들의 기둥이 되어
충실하게 당신의 믿음 저버리지 않는다.

온 뿌리 진액, 땅 끝까지 쏟아내며

한 모금 수액 그 생명을 위하여
필사의 몸부림으로 다가갔던 그 고통을
사막의 그 누가 알까
황량한 이 사막에서 그 누가 알아챌까.

풀잎의 노래
– 딸에게

천 년의 어둠을 맨발로 달려
바다 같은 어둠 삼키며
이슬 머금은 아침으로 태어났구나.

어머니의 고통보다 더 큰 사랑이 되어
어둔 세상 밝히고
한 줄기 연약한 빛으로도
웃음 엮을 수 있는
그런 아이가 되리라.

할 수만 있다면
더 많이 참으며
더 많이 기뻐하고
더 많이 들을 줄 아는 아이가 되며

더 크게 용서하고
더 크게 이해하며
더 크게 볼 수 있는 아이가 되어라.

할 수만 있다면
더 낮게 엎드리며
더 적게 나타내며
더 작게 가질 수 있는
더 큰 용기있는 아이가 되어라.

향기 없는 꽃일지라도
더 멀리 날아가며
슬픔 깊이 잠길지라도
더 뜨거운 혈맥이 되어

맑은 가락 뽑아내는
햇살이 되고
아침마다 일어서는 풀잎이 되리라.

푸른 별빛 우수수 노래로 쏟아붓는
거짓 없어 눈 시린 하늘이 되리라.

너, 사랑으로 태어난 아이여.

시의 노래

손가락 분질러
심으로 꽂아 시를 쓴다면
아픈 만큼 시가 아파질까

왼쪽 가슴 끄집어내어
벼루삼아 시를 쓴다면
진한 만큼 시가 진해질까

아침마다 눈을 뜨면
늘 살아있는 것에 안도하는 목숨처럼
시를 쓸 때마다
늘 생명의 시를 쓸 수 있을까
시로 호흡하며 시처럼 살아갈 수 있을까

둘이 함께 시작한다는 것은

둘이 함께 시작한다는 것은
한 쪽 끝을 잡고 나아가는 것.

둘이 함께 산다는 것은
서로의 아픔을
한 이불 밑에 넣어두는 것.

가슴이 시려올수록
상처는 익고 익어
따뜻한 바람이 되고,
가슴이 허전할수록
그리움은 자라고 자라
해바라기의 눈망울이 되는 것.

둘이 함께 시작한다는 것은
서로의 가슴을 품어주는 것
서로의 아침을 맞이하는 것

그렇게 서로를 알아가는 것이다.
우리의 얼굴을 가질 때까지……

바다의 아침

이윽고 하늘이
가장 낮게 내려오면
그대는 하늘과 하나가 되어
나의 천한 발에 입을 맞춘다.
긴긴 시간 아무 말 없이 기다려 준 내게
알 수 없는 향기로 다가와 서고
태초의 냄새로 나의 머리를 감겨준다.
어머니의 젖내음보다 더 강렬하게
철썩이며 그대의
사랑을 일시에 내뿜으려 한다.
이렇게 밤이 오도록만 기다린 듯
모든 장대함과 아름다움과 숱한 친구들은
한갓 사랑 위하여
모두 옷을 벗는다.

당신과 함께라면
이대로 굳어버려도 좋아

뿌옇게 드리워진 아침이 올 때까지
당신 부둥켜 안고
밤새 울어도 좋아.

어디인들 당신을 사랑치 않는 이 있으랴

새벽이면 모든 이름
가지런히 모래 속에 묻고
바위 위에 부지런히 아침을 여는
당신 사랑치 않는 이 어디 있으랴.

동천

여기 동천에도
송사리가 살았었노라고
덕지덕지 기운 옷
훌렁훌렁 벗어던지고
물장구도 치며 놀았었노라고

가시관을 씌우고 채찍질을 하며
그렇게 놀려댄 예수에게처럼
온갖 냄새와 허접쓰레기들을
조롱하고 침 뱉으며
두 손과 발에 이기심으로
큰 못을 박고, 못을 박고
어둠조차 없는 굴 속에 집어넣어
돌문으로 실맥을 막음같이
하늘은 어느새 콘크리트 도로로 막히고
수초는 썩어, 썩은 흙더미 위에
사흘 만에 다시 살아난

세상에 보이지도 않아 보지도 못한 채
2000년이나 지난 뒤에 믿는 그 믿음처럼

여기 동천에도
모래무지가 푸른
모래 옆에 길게 누워 있었노라고
믿으라 하네.
　·
　·
　·
　·

그저 믿으라 하네.

비

비는
휘장을 가르는
아버지의 눈물

하늘에서 바닥까지
죽음을 넘나들며

십자가
매달린 아픔
물같이 쏟아낸다.

씻어내는 아픔보다
젖어드는 고통인데

촛물처럼 녹은 마음
촛불되어 살아나고

부활로
문을 연 아침
무지개로 섰느니……

섬

섬 하나 바다 위에
점으로 떠 있다.
알에서 깨어난
물풀 같은 생명으로
조금씩
발끝 내밀어
숨소리도 느껴보고,

작은 섬 바위되어
침묵으로 서 있다.
아침으로 삼킨 포말
청년으로 일어나서
여름밤
뜨거운 파도
맨발로 달려간다.

싱그러운 바람 안고

산으로 일어선 섬
하늘 오른 바위는
이슬되어 내려오고
온 바다
푸른 노래되어
갈매기로 떠다닌다.

아직 못다한 사랑

낙엽처럼 남아 있지만

갈 때는 가야 한다고

더 추워지기 전에

이별은 이루어져야 한다고

가을

가을에는

가을에는
작은 목소리로라도
찬양하게 하소서

가을에는
슬픈 눈물로라도
기도하게 하소서

그리고
가을에는

호올로 버려진 풀잎으로라도
끝내 사랑하게 하소서

그리움 5

창을 열면
머언 이방나라에서 날아 온
색종이 같은 그리움 조각들이
불쑥불쑥 심장 안에 돋아난다
봉긋봉긋 땀구멍으로 꽃을 피운다

그리움은
내 몸 안에 뿌리를 박고 있다

내 모든 것들아

내 모든 핏줄과
모든 힘줄과
모든 근육들

모든 뼈와
모든 살과
모든 표피들

모든 숨어있는 것들과
모든 드러나는 것들과
모든 땀구멍들

머리털부터
마지막 발톱 그 아래 끼인 때까지
나의 모든 세포들아
나의 모든 혈관들아
나의 모든 신경들아

나의 모든 살아있는 것들아

일어나 노래할지어다
영원한 진실 그 앞에서
춤출지어다
당신을 기다리며
새벽부터 잠들 때까지
영원히 찬양할지어다.

내 모든 기억들아

다리

당신과 나 사이에
다리를 놓으려면

땅이건 바다건
흙 속 깊숙이
두 다리 파 묻어야 한다.

당신과 내가
하나로 이어지려면
또 다른 누군가가
대신 두 발로 견디며 서 있어야 한다

그렇게 섬겨야 한다
그렇게 죽어야 한다
당신이 죽을 때
우리는 비로소
하나가 된다.

낙엽의 노래

슬픔의 계절이
바람으로 찾아들면
나는 조용히
자랑스럽던 초록빛 옷을 벗는다.
그리하여 어느새
건드리면 터질 실핏줄 그대로
온갖 죄악 그대로
빨간 심장 그대로 토해놓고 만다.
누가 나의 잎맥을 아름답다 하는가
차가운 심판의 바람이 부는가
빈 몸뚱아리 그대로
바람을 채찍으로 맞는다.
나무에 매달린 채 죽어간다.
내 심장도 서서히 숨을 멈춘다.
땅 속으로 가라앉는다.
썩어진 채로 그렇게
또 다른 숨결이 된다.

이별

가을이 오면
그대와 헤어져야 한다는 걸
차마 말하지 못하였습니다

갑자기 가을이 온 것처럼
촛불처럼 희미해지다가
마침내 꺼져버린다는 걸

그대와 헤어지는 것이
죽기보다 더 큰 아픔이지만
누구에게나 찾아오는 눈물이라는 걸
조금씩 연습해야 된다는 걸
당신에게 말하지 못했습니다

"사랑합니다." 한 마디에
온 몸 뒤척이며 잠 못 이루는 당신을 두고
이제 헤어질 때가 되었습니다
지구가 이 땅에 나무를 심을 때부터
당신은 나의 처음이자 마지막 사랑이었습니다

시월이 간다기에

시월이 간다기에
그냥 가라고 그랬다

아직 못다한 사랑
낙엽처럼 남아 있지만
갈 때는 가야 한다고
더 추워지기 전에
이별은 이루어져야 한다고

그래야 아름다운 사랑이라고
식기 전에 떠나는 것이 사랑이라고

웃으며 가라 그랬다
나도 언젠가 사랑하는 사람
떠나야 할 때 오면
그때 대신 사랑해 달라고
웃으며 손 흔들어 주었다

뒤 돌아서 울지 않기로 했다

가을은

시인만 남게 한다
사랑만 남게 한다

그리움 7

가을이 옷을 입으면
발간 그리움이 된다

어느새
그대 곁에 서서
어제를 노래하는
투명한 그림자가 된다

가을엔
옷을 벗지 않는다

가을이 만든 길

가을이 죄다 떨어져
길을 만들 줄은 몰랐습니다

희미한 불빛 좇아 걸어가면
당신과는 헤어질 줄 알면서도
서둘러 낙엽 밟으며 떠났습니다

눈길 줄까 가슴 졸이며
턱까지 치고 올라오는 숨이
당신의 기억인지 알지 못했습니다

아직 겨울은 오지 않았는데
너무 일찍 길을 발견했습니다
낙엽길 그대로 남아 있는데
되돌아가기가 망설여집니다
눈 퍼부으면 그 길 없어질 줄 알면서도
이파리 하나 주워들고
당신 냄새만으로 서성거립니다

어서 겨울이 왔으면 합니다

추석
- 광안리에서

모처럼 찾아간 그곳에서
모처럼 당신을 만나니
허물없이 벌거벗은 당신을 만나니
얼마나 반갑던지
광안리 바다 건너 새로 놓인 철교 위로
거리보다 가깝게 당신은 떠오르고 있었지요

방아 찧던 두 마리 토끼 대신
흐릿한 십자가에 매달린 당신
달 속에 숨어 노랠 부르는데
조용한 웃음으로 나를 반기는 소리
나를 부르는 소리

네 길을 가라고
주저말고 가라고
어여어여 가라고
환한 웃음 순식간에 붉은 광채로

내뿜어 주었지요
내게 보내 주었지요

달은 계속 떠올라
하늘 높이 숨어 버렸지요
덩달아
님도 숨어 버렸지요

연필

제 몸 깍아
속살 드러내는 게
어디 그리 쉬운 일인가

제 뼈 깍아
글을 쓴다는 게
어디 견딜만한 일인가

너무 날카로우면
쉽게 부러지는 칼날처럼

뾰족하지 않게
예민하지 않게
필요한 몸통만 경사지게
필요한 영혼만 단단하게

제 몸에
길을 들여야 한다

삶의 한 조각 떼어내어 2

숨 한번 가다듬고
국그릇에 8부쯤 물을 붓는다

조용히 가스버너 손잡이를 돌리니
파란 불꽃이 생명으로 일어난다

물담긴 국그릇에 내 얼굴 한번 비춰보고
파랗거나 빨갛거나 조용히 타오르는
그 불길 속에 국그릇을 조용히 맡긴다

정확하게 얹혀졌을까 불은 제대로 타오를까
고개 숙여 린나이 불꽃 공간을
걱정 어린 눈으로 구석구석 쓰다 듬는다

보골보골 물이 끓어오르는 사이
된장 듬뿍 넣어 휘저어주고
마늘 생강 파 무 감자 고추 썰어 밀어 넣는다

이걸 먹고 저 물이 자라날까
제대로 흡수하고 제대로 성장할까
또 다른 걱정 틈새로 자라나는 삶의 뿌리들
뭐 빠진 것은 없을까

싱싱하던 마늘 생강 파 무 감자 고추는
어느새 흐늘해진 모습으로 스스로를 잃어가고……
어떤 생명을 키워낸다는 것은 이런 것일까
나의 생명을 먹고 자라는 또다른 생명들을
맥빠진 모습 그 최대한의 감동으로 보듬어 안는다

나도 얼마 전에 태어난 것 같은데
순식간에 늙어버린 마늘 생강 파 무 감자 고추는
푹고인 생명의 원초적 뼈마디들을 물 속에 풀어 놓는다
생명도 함께 자라고 생명은 함께 가라 앉는다

향긋한 내음새가 코를 통해

폐부 깊숙히 질러 들어올 때
이제 마지막 작업을 할 차례가 되었다

모든 건 하늘의 당신께 맡기고
내 삶의 한 조각, 빵조각 뜯어내듯 듬뿍 떼어내어
삶의 다싯물 설렁설렁 우러난 물에
텀벙 던져넣어야 한다
내 삶의 조각이 가지는 색과 맛이 어찌했던 간에
그것이 우러나와 어떤 빛깔을 내고 어떤 냄새를 낼지라도
나의 삶이 또 다른 삶으로 태어나는 모습을
담담하게 지켜보아야 한다

그렇게 한 조각씩 나의 나머지가 사라질 때까지

그리움 8

가을은
그리움이다

속절 없이 떨어지는
슬픈 그리움이다

내내 기다리기만 하는
눈 먼 가슴이다

길 떠나는 그대에게

가방 하나 달랑 메고
길 떠나는 사람 있다

사랑했던 사람
사랑하는 사람
또 사랑할 사람

귀현동 1번지에 주검처럼 묻어두고
신발에 묻은 흙먼지 탁탁 털어내며
나 있지도 않은
숲 속의 아침길을 떠난다

아직 보송보송한 풀꽃들이
자신들의 집인 양 고개 내밀고 있는
아지러진 들길을 몸으로 훑으며
두리번거리는 나의 영혼

모르는 길이면 어떻고
길 아니면 또 어떠리

산다는 것
그것은 늘 나그네 길
그 분 부르면 언제든지
떠날 수 있어야 하는

우리는
신발을 늘 정갈하게 닦아놓아야 한다

가을 가슴

가슴으로 맞을 일이다
햇살처럼 쏟아지는 거짓없는 투명함을
속이지 못할 세월의 낙엽으로 떨어지는 세상의 찌끼들을
허탄한 가슴으로 맞을 일이다

몇 개의 이파리가 물들어 가는지
무슨 빛깔로 변해가는지
왜 떨어져 뒹굴어야 하고
사람들의 발길에 부서져야 하는지
아무도 묻지도 따지지도 계산하지도 말아야 한다

이파리 하나 남아 파르르 떨 그 때까지 우리는
짐짓 모른 채 가슴으로 그들을
만나고
느끼고
사랑하고
아쉬워하며

이별을 준비해야 한다

벌써부터 알고 있었다는 듯이
환한 웃음 가슴 속에서 지우며
손 흔들고 보내주어야 한다
우리의 가슴, 하늘과 닮아질 그 때까지
아무 말도 말아야 한다

가을은, 그렇게 보내야 한다

때로는

씻어내거나

덮어버려야 할 때가 있다는 것을

당신에게 말해주고 싶습니다

겨울

연

1.
달빛 아름 안아다가
큰 대청에 쏟아 놓고
땀 빚어 풀먹이며
실가닥마다 숨결붓는
꼬리연
어둠 걷으며
아침으로 일어서네

2.
돋을볕 날개펼쳐
푸른 바다 뒤덮고
수놓아 입힌 사연
색동으로 살아나면
해말간
광안리에서
그리움의 실을 풀리

3.
댓가지 가지마다
사랑모아 입맞추고
기도하는 어머니의
가녀린 손이 되어
한 올씩
푸는 얼레엔
입김조차 성스럽다

4.
띄워올린 높이보다
더 가까이 있는 마음
밀려오는 바람보다
더 넓게 안은 가슴
그리움
하나만 달고
고고하게 춤추는 학

5.
구름 너머 있을까
산 넘으면 행여 볼까
돋움질한 발목으론
포말 희게 부서지고
숨조차
멈춘 하늘에
그리움만 가득하다

그리움 6

그리움에 병이 들면
가만히 누워
먼 천장을 응시한다

만져지지 않는 기억 저편에서
가슴에 링겔 주사기를 꽂은 채
똑 또독
일정한 간격으로
당신이 오는 소리를 듣는다

지쳐 눈 감으면
내 숨소리 안으로
당신 숨소리 들어와
혼미한 오아시스가 된다

바이올린의 노래

일상의
틈바구니 속에서
영혼을 깨우는
빛의 소리가 있다

심장의
끝까지 따라올라와
피를 토하는
당신의 절규

어쩌면 오늘이
마지막 날이 될지도 모르는데
우리는 너무 한가로이
당신을 보내고 있다

때로는 상큼한 아침이슬이었다가
때로는 폭풍우 몰아치는

격정의 밤이 되기도 한다
새벽이 오기 전에
당신을 세 번 배반했던 나
그 밤이 무서워 뒤척일 즈음

바닷가의 잔잔한 선율로
나타난 당신
무서워 말라
짙은 포도주 그 빛깔로 다가온
아득한 현의 움직임

이제는 당신의 심장을 향해
내가 피를 토해야 한다
당신의 영혼을 깨우는
빛의 소리가 되어야 한다

눈 내리는 밤

때로는
씻어내거나
덮어버려야 할 때가 있다는 것을
당신에게 말해주고 싶습니다

밤새도록
당신 흔적 없애려
눈물 흩뿌린 시간이 고단했습니다

내가 당신을 사랑한 깊이보다
당신이 세상을 사랑한 웅덩이가 너무 깊지만
밤새 눈물로 용서하기로 했습니다

하늘에서 나의 눈물이
슬픈 꽃처럼 내려오는 날에는
당신이 나보다 다른 무엇을 사랑하고 있다는 걸
당신의 허물을 나의 눈물로 덮으려 한다는 걸
나의 눈물만큼 당신을 끝없이 사랑한다는 걸

기억해주길 바랍니다
눈물은 언제나 사랑이라는 걸

겨울 옷

따순 햇살 빨래처럼
마당마다 널렸는데

걷어내지 못한 잔설
추억처럼 아마득히

철지난
겨울외투로
옷걸이에 숨어 있네

겨울눈의 꿈

추락하고도
끝내 아름다운 건
슬픈 눈망울 파릇한 순수로 남아 있기 때문이다

절망하고도
툭툭 일어서는 건
결 고운 칼날 햇살로 품고 있기 때문이다

지상의 꿈 살갗 부비기도 전
당신 속에 녹아버려도
끝없이 내려와 하늘을 밝히는 건
출렁이는 바다, 꽃으로 수놓을 수 있다는
풀씨 하나 믿음으로 뿌려놓기 때문이다

마침표를 찍는 건

마침표를 찍는다고 하여
삶의 끝이 아닌 것을
나는 진작에 알고 있었습니다

많은 이들은
그대를 다시 만나지 못할 것처럼
점 하나로 끝맺는 걸 두려워 하였습니다

내 하루의 고단한 시간들이 잠들 무렵
날마다 마침표를 죽음처럼 찍지만

내 아침은 충만한 생명으로
유리병 가득 꽃으로 피어납니다

마침표를 찍는다고 하여
영원히 죽지 않는 것을 알기에
나는 날마다 마침표를 찍습니다

당신이 맹세하시면
– 시편 110편에서

당신이 맹세하시면
나는 늙지 아니하리니
영원히
새벽 이슬이 되리이다

당신이 변치 아니하시면
나는 당신만 좇으리니
영원히 거룩함으로
옷을 지어 입으리이다

당신의 사랑이
넘치는 시냇물로 내게 다가오시면
나는 영원히
당신과 함께 무릎 조아려
그 시냇물을 마시리이다

내 사랑 넘쳐 흘러
기쁨으로 가리이다
다시는
돌아오지 못할 길일지라도

마지막 밤

오늘은
한 해가 저무는 마지막 밤입니다

하루가 모여 한 달이 되고
한 달이 모여 한 해가 되듯이

하루가 가면
어느새 한 달이 지나가고
한 달이 열두 번 몸살을 앓으면
그렇게 나의 한 해가 흘러갑니다

끝점에 다다르면
첫점도 어느새 다가와 있다는 걸
나는 결코 눈치 채지 못하더라도

언제나 시작은 끝남과 함께 일어서는 법
언제나 희망은 절망과 함께 노래하는 법

어둠 깊어질수록 샐녘 함께 어깨를 펴고
하루를 시작하는 법

오늘은
한 해가 저무는 마지막 밤입니다

내일은
한 해가 시작하는 첫 아침입니다

일일구

함부로 119 부르지 마라
내 삶에 단 한 번
그 날로 족하리

맥박이 잡히지 않는다고
다급하게 외치는 구급요원의 소리조차
산소 호흡기 하나로 사투하는
외로운 투쟁 앞에선
사치였다

차디차게 마비된
손과 발을 만지며
짧은 순간
과거와 미래를 생각한 아내

의식이 한 번씩 이 세상과 작별했을 때
그대는 무엇을 생각하고 있었을까

무엇을 붙잡고 있었을까

혼자 되지 않게 해 주소서.
지금이 정녕 가야 할 때니이까.

지금은 웃고 있지만
당신과 가장 진지하게
내 삶을 이야기 하던 시간

119는
당신이 나를 부르는
평생 단 한 번의
심각한 호출

개나리 4

개나리는
예수를 닮았다

예정된 겨울이 불쑥 찾아오더라도
결코 하늘을 원망하지 않아
뿌리까지 서서히 얼어들어가는,
알몸뚱이 그대로 뚝뚝 부러져도
높은 하늘에 소망의 끈을 매다는 거야

봄은 결코 오지 않을 테니까
너를 기다리던 자들도 뿔뿔이 흩어졌으니까

칼날 같은 어둠의 유혹 속에서도 오롯한
생명의 씨앗으로 남아
끝내 꽃을 피워올리는 거야
잎은 아직도 겨울 속에 있는데
꽃 먼저 봄을 불러 깨우는 거야

막아놓은 얼음돌문 열어젖히고
아직도 선명한 상처자국 보여주며
눈이 멀도록 노란, 부활의 노랠 부르는 거야
온 팔 하늘로 뻗치며 땅 끝까지 땅 끝까지

씨앗의 노래
- 진해동부교회 50년사에 부쳐

2천년 전, 그 즈음에
팔레스타인 작은 언덕 골고다
거룩한 죽음의 씨앗 하나 있었다

이방의 땅 사마리아를 지나고
은둔의 나라 평양을 넘어
또 다른 남쪽 땅 끝,
작은 어촌 한 구석에
소리없이 풀풀 내려 앉았다

나라 잃은 목메임과
신사참배하며 건진 것이
우리의 질긴 목숨이었다면

말없이 썩어내려 흙 속으로 들어간
순교와 참회의 씨앗들은
헛간 창고 그 움막에서

영원한 생명으로 몸부림치며
온 몸으로 꿈틀대고 있었다

회개의 눈물이 검은 땅을 적시고
통회의 심령이 하늘을 적실 때
순결한 몸짓으로 팔 뻗으며 올라오는
창고 속의 가녀린 새 순 하나

힘써 모이고
힘써 기도하며
힘써 전도하여라

줄기 뻗어나가 아름드리 나무되고
잎은 벌어져 눈부시게 찰랑거리는 숲이 되었다

50년 세월을 믿음으로 달려온 진해동부교회!
진리를 사모하는 자들의 쉼터가 되고

열매를 사모하는 자들의 양분이 되고
선교를 사모하는 자들의 든든한 뿌리가 된다

아, 저기 또 다른 땅 끝으로 날아가는
이름 모를 씨앗이 된다
사랑의 씨앗이 된다

생명의
씨앗이 된다

어찌할꼬 이 기쁨을

빗장은
하늘에서
소리없이 열리고

별 하나
꼬리 감추며
달처럼 솟아올랐구나

무서워말라
밤 깊도록
자기 양 떼를 지키고 섰는
목자들이여

고통의 분침은
해일처럼 으르렁거리고
베들레헴 다윗의 동네에는
아무 것도 모르는

말울음 소리만 처량하구나

긴박한 역사는
썰물되어 빠져나가고
말구유, 지푸라기 속에
아기예수가 태어났다네
아기예수가 태어났다네

고단한 어둠 헤치고
큰 별, 세미한 음성따라 달려온
동방의 사람들
그 땅에 엎드리네
경배를 드리네

어찌할꼬 이 기쁨을
어찌할꼬 이 기쁨을

하늘의 군사들 북치며 찬양하고
하늘의 사자들 목청높여 노래하네
하늘이여 당신의 영광을 노래하라

땅이여 당신의 평화를 노래하라
어둠 속에 갇혀있는 모든 자들이여
슬픔과 절망 속의 모든 족속이여

오늘은
빛으로 오신 예수만 오직 찬양하라
당신을 구원하신 예수만 오직 노래하라

노래하라
노래하라 별들이여
어찌할꼬 이 기쁨을
어찌할꼬 이 기쁨을

아내일기 2
- 겨울사랑

겨울이 시작되는 그 곳에서
우리의 사랑도 시작되었네
당신을 향한 사랑을 온 가슴에 껴안고서
우리의 사랑은 하늘에서 시작되었네
매서운 겨울이 되었지만 곧 따뜻한 봄이 왔고
무더운 여름이 왔지만 곧 가을이 왔고
그렇게 또 겨울, 봄, 여름, 가을
겨울이 낮게 찾아오고 봄이 몰려왔었네
그러나 올해에는
여름 가을이 쏜살같이 우리들의 심장을 향해 달려오더니
이제서야 겨울이 시작되었는데
북극의 얼음덩이보다 더 날카로운 차가움이
우리의 심장을 얼어붙게 하고
온 세상을 지옥의 쇠사슬로 꽁꽁 얼어붙게 만드네
심지어 우리의 사랑마저도 얼어붙으려 하네
아내여, 서로 껴안아 우리의 사랑을 나누자
하박국 선지자의 시편을 노래하자

당신을 향한 그 사랑 때문에
쌀통에 쌀이 없어도 즐거워하며
결혼기념일날이 없어져도 기뻐하자
당신을 향한 그 사랑으로 인하여 즐거워하자
당신을 향한 그 소망으로 인하여
어김없이 봄은 오리라

새해에는 4

새해는 늘
겨울 속에서만
눈을 뜬다

하얀 입김
소원처럼 내뱉으며
저마다의 꿈을 꾼다

새해에는
더욱 당신을 닮아가게 하고
그리하여 벌겋게 달구어진
부지깽이 같은 사랑으로
이곳저곳을 들쑤시는 꿈을 꾼다

숨어있는 불씨 찾아내어
아궁이에서 헛간으로
헛간에서 다시 다리 밑으로

말라붙은 눈물 털어내고
얼어붙은 가슴 녹이는 꿈을 꾼다

그리하여 새해는
뜨거운 꽃을 피운다
저마다의 꽃을
생명의 이름으로 피워올린다

새해에는
당신의 이름만으로
눈을 뜬다

새해에는 2

햇살이 비추이면, 우리
젖과 꿀이 흐르는 땅으로 들어가자

얼마나 기다리던 이 날이었던가
서로의 어깨를 감싸안고, 흥겹게 노래를 부르면서
발바닥이 아프도록 춤을 추며 들어가자
눈보라 사납게 몰아칠수록 바람 모질게 불수록 더욱
가슴 따뜻한 사랑이 꿀처럼 흐르는 곳
눈물 겨운 기쁨이 젖처럼 흘러 내리는 곳
그곳이 어디 하늘나라 뿐이랴

아아, 우리
아픔이 명치 끝에서 무거운 망치질로 다가올 때에도
슬픔이 송곳바늘 되어 핏덩이를 쏟아낼 때에도
우리 하나님께 감사하며 로마의 원형경기장을 기억하자
말 없는 선교사가 되어 이 땅의 참된 빛깔과 향기가 되자
무지개처럼 뿌려지는 그 분의 아름다움이 되자
우리의 것은 모두 벗어던지고 짐 없는 나그네가 되어
그 분의 사랑이 되자, 새해에는, 그 분의 마음이 되자

새해에는 3

새해에는
서로에게 불꽃이 되자
동토의 땅
기억마저 얼어붙기 전에
가슴 속 한 줄기 당신향한 소망의 촛불 심고
서로에게 뜨거운 불꽃이 되자

땅에서는
숨어있는 지열로 남아
보이지 않는 우리네 발바닥부터 녹이고
조용히 머리끝까지 타오르자
피를 나눈 서로의 혈맥이 되어
온누리 돌아다니며
생명의 호흡, 목숨처럼 주고받자

그리하여 새해에는
서로에게 뜨거운 자가 되자

개나리

수치마저 태운 겨울
칼 끝으로 도려내고
알몸으로 곰삭인
매서운 시선 뒤에

겨울새
꿈으로 키운
겨자씨만한 맥박이어라

겨우내 숨죽이다
체온으로 잎맥열고
온 몸 세워 나팔불며
달려오는 함성인가

낮은 곳
척박한 땅에
뿌리채 우는 기쁨이여

봄을 기다리며

봄만이
이 시대의 구원인 양
땅들에게 외친다 어서 깨어나라고

죽음의 골짜기에서
얼음돌문 쩍쩍 가르고
살아나신 당신처럼
모든 잠자는 것들을 깨워
함께 흥겨운 춤을 추어보자고
허리 동이고 울음 삼키며 참아온
앙상한 나뭇가지들의 기도를
이제는 합창으로 울려보내자고
흩어진 이파리 끌어모아 생명의 양분으로 삼고
길 벗어난 물길 찾아 뿌리로 삼키게 하자고

그리하여 한순간에 봄을 맞이하자
덩실덩실 춤을 추며
온 몸으로 춤을 추며
모든 깨어나는 것들로 당당하게

기쁘다 축복처럼 (시인, 소설가 송만판)

산과 들. 작은 틈새 까지도 생명의 소리가 가득 차 넘치는 누리달 유월끝자락에 날아든 기쁜 소식.

이미 오래전 신선한 감동을 일으켰던 원지네 가정신문을 펴 낸 아동작가이기도 하며 [당신의 능력을 보여주세요]등 수권의 책을 출판한 저력 있는 작가이나, 시인으로선 대기만성 형이던 이태훈시인의 첫 시집이 출간되었음을 알려왔다.

기쁘다 축복처럼.

알알이 영근 시인의 풍성한 열매는 그리스도의 심장으로 세상을 향하려는 시인의 시각에서 표출한 신앙고백서 같은 느낌으로 주안에서 지체인 나에겐 신선한 감동과 충격이었다.
/오! 주님 당신은 아시나이다. 요나단이태훈의 詩作의 중심은 바로 당신이시라는 것을....../

이렇듯 믿음의 사람 시인이태훈의 시는 구별된 영혼의 울림으로 오직 그리스도구현을 열망하는 구도자의 색채처럼, 그의 시세계는 별스러운 치장이나 꾸밈이 전혀 가미됨이 없이 단순하리만치 소박하며 정직하고 순수하다.

이번에 출간한 이태훈의 시집은 [같은 생각] [같은 뜻]을 품은 많은 심령들에게 그리스도로 인한 사랑과 갈급함, 목마름과 평안 그리고 좌절과 위로, 정의를 함께 공유하게 될 것을 믿어 의심치 않아, 이 시집을 추천 한다.
동시에 이 귀한 시집을 추천하게 됨은 나에겐 큰 기쁨이요 영광이다. 특히 오래 전부터 주안에서 깊은 사귐으로 이태훈의 됨됨이를 잘 알고 있는 터라 느끼는 그 감격 또한 예사로워지지가 않다. 솔직히 공개 될 글귀가 아니라면 다소 낯간지럽더라도 내 감정그대로 축하 찬사를 아낌없이 나열하고 싶을 그만큼.